Las máquinas en el trabajo

por Kim Borland

PEARSON
Scott Foresman
DK

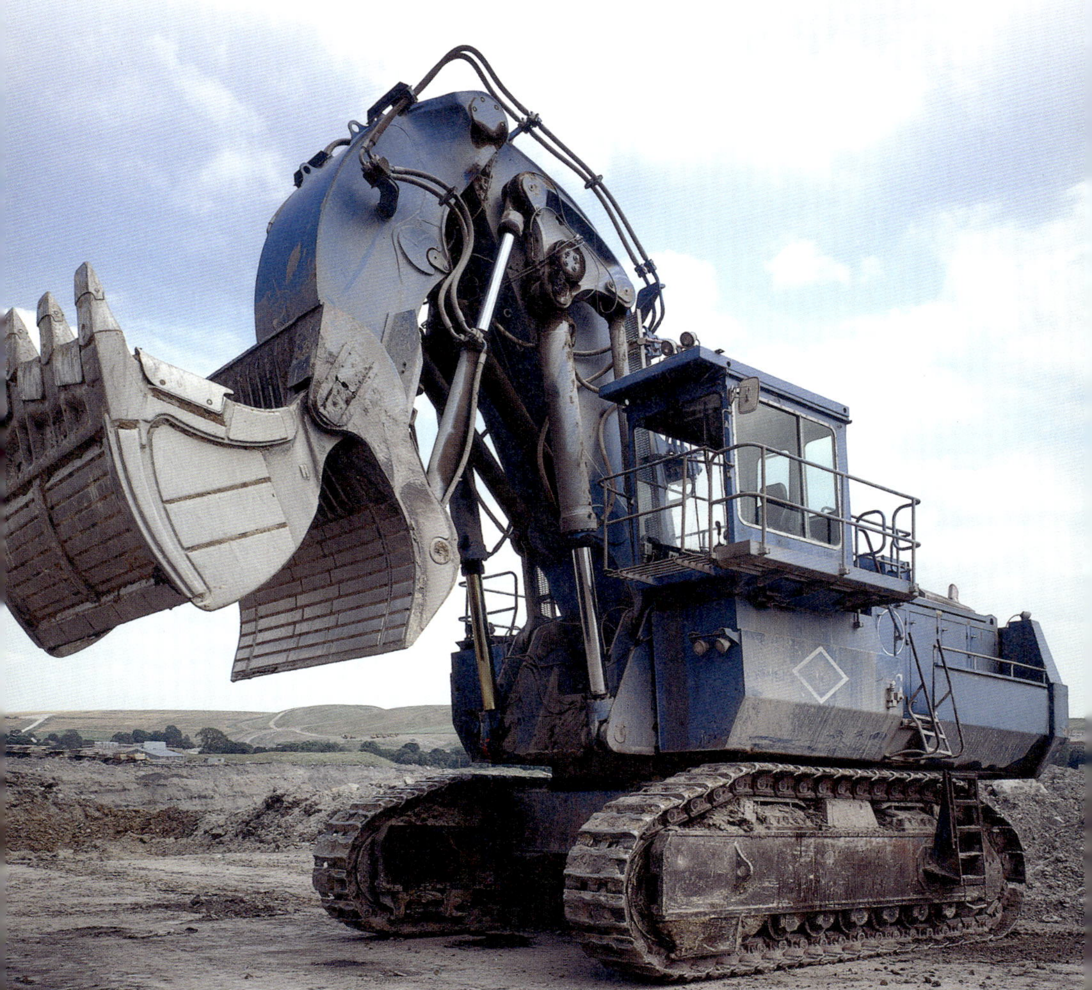

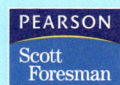

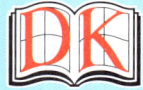

Lo que ya sabes

La tecnología es el uso de las ciencias para resolver problemas. Cambia con el paso del tiempo. La tecnología nos ayuda.

Las herramientas y las máquinas son tipos de tecnología. Nos ayudan a hacer trabajos.

Usamos las herramientas y las máquinas en las granjas. Las usamos para construir. También las usamos para comunicarnos.

Una computadora es una máquina que sirve para comunicarnos.

Las máquinas simples son herramientas que tienen pocas o ninguna parte móvil. Las usamos para hacer diferentes tipos de trabajo. Las cuñas separan. Las cosas con eje y rueda se mueven. Los tornillos unen. Las palancas levantan. Las poleas y los planos inclinados sirven para mover cosas hacia arriba y hacia abajo.

Las máquinas simples nos ayudan a trabajar. Algunas máquinas grandes se hacen con varias máquinas simples. En este libro verás máquinas grandes que nos

Las excavadoras se usan en las obras de construcción.

En la obra

¿Has escuchado el ruido de las máquinas en una obra de construcción? ¿Has visto cómo trabajan esas máquinas?

En una obra de construcción se usan muchas máquinas. Hay máquinas que excavan. Otras máquinas recogen y tiran. Las aplanadoras, los montacargas y las grúas ayudan a hacer trabajos diferentes en una obra de construcción.

Cada máquina grande tiene un trabajo diferente. Algunas transportan. Otras empujan. Algunas levantan. Pero todas se parecen en algo muy importante. ¡Nos ayudan a hacer los trabajos pesados!

Las máquinas grandes también se parecen en otra cosa. Están formadas de máquinas simples. Tienen piezas que son ejes y ruedas, tornillos, palancas y poleas para hacer su trabajo.

Excavadoras

Sólo con decir su nombre sabrás lo que hacen. ¡Excavan! Las excavadoras cavan y hacen hoyos enormes.

El brazo largo de la máquina se dobla. Se entierra en el suelo. Excava con el cucharón. Luego saca una carga de rocas, arena y tierra.

El brazo levanta el cucharón cuando está lleno. La excavadora se da vuelta y bota su carga. Después, gira hacia el hoyo. ¡Lista para levantar otra carga!

Las excavadoras tienen brazos con palas o cucharones que se mueven.

pala

cucharón

Camiones de volteo

Los camiones de volteo transportan cargas pesadas. Las llevan de un lado a otro en la obra de construcción. Algunos llevan cargas lejos de la obra. Otros traen cargas. ¡Los camiones de volteo llevan mucha arena y tierra a la obra de construcción y también las sacan!

Los pedales y las palancas levantan la caja del camión de volteo. Los brazos empujan la caja hacia arriba. La parte de atrás del camión se abre para descargar. La carga se desmorona y se desliza fuera de la caja. Cae al suelo. Luego el conductor baja la caja vacía.

Este camión de volteo lleva una carga.

El camión vacía su carga.

Aplanadoras

El trabajo de una aplanadora es aplastar y aplanar o nivelar el suelo. Tiene enormes palas que empujan las piedras y la tierra que hay en el suelo. Después que la aplanadora limpia y aplana un sitio, otras máquinas pesadas pueden hacer su trabajo.

Las aplanadoras no tienen ruedas. Se mueven con llantas de oruga.

Las llantas de oruga están hechas de muchas piezas pequeñas de metal unidas en forma de cadena. Estas piezas dan vueltas para mover la máquina. Se agarran del suelo. Eso evita que las máquinas grandes se hundan en el lodo.

Las aplanadoras son máquinas que se mueven lentamente. ¡Pero no te dejes engañar por eso! Son de las máquinas más poderosas. ¡Pueden empujar cargas muy pesadas!

Esta aplanadora limpia una pila de tierra.

Montacargas y carretillas elevadoras de horquilla

Los montacargas y las carretillas elevadoras de horquilla mueven cargas grandes de un lugar a otro. Estas máquinas pueden tener diferentes partes al frente. Algunas tienen cucharones. Otras tienen horquillas. Con esas partes mueven diferentes cosas.

Todos los montacargas tienen un brazo que se mueve con palancas. Las palancas deslizan las horquillas o el cucharón debajo de la carga. Las palancas levantan la carga del suelo. Luego la máquina mueve la carga a otro lugar.

Esta carretilla elevadora de horquilla levanta una carga.

Grúas

Las grúas son máquinas altas que levantan y mueven cargas pesadas. Tienen poleas para mover cargas.

Diferentes tipos de grúas hacen diferentes trabajos. Algunas grúas levantan cosas hasta lo más alto de los edificios. ¡Algunas hasta levantan otras grúas!

¡Esta grúa levanta una casa!

Pon atención la próxima vez que pases cerca de una obra de construcción. Tal vez veas excavadoras, camiones de volteo, aplanadoras, montacargas y grúas trabajando. ¡Cada una usa máquinas simples para hacer los trabajos pesados!

Glosario

aplanadora   máquina pesada que se usa para limpiar, aplastar y nivelar el suelo

camión de volteo   máquina que carga, transporta y descarga cosas pesadas

carga   algo que se lleva de un lugar a otro

excavadora   máquina que se usa para hacer hoyos en el suelo

grúa   máquina alta con un brazo largo que levanta, mueve y baja cargas

obra   lugar donde se construye algo